AF562558

LE

SUFFRAGE UNIVERSEL

RATIONEL ET SANS DANGER

OU

CHOIX ASSURÉ DES REPRÉSENTANTS

A TOUS LES DEGRÉS DE L'ÉCHELLE SOCIALE

DANS TOUTES LES ÉLECTIONS

PROJET

DE DISPOSITIONS NOUVELLES DE LOIS

CONCERNANT LE SUFFRAGE UNIVERSEL

Par E. DOLBEAU

LE MANS

IMPRIMERIE DE LA *CHRONIQUE DE L'OUEST*

RUE DES CHAMPS, 32

1874

LE SUFFRAGE UNIVERSEL RATIONEL ET SANS DANGER

I

ÉLECTEURS CENSITAIRES. SUFFRAGE UNIVERSEL. NÉCESSITÉ D'UNE RÈGLE POUR EN ÉVITER LES ÉCARTS. SA RÉGLEMENTATION POUR LA NOMINATION DES CONSEILLERS MUNICIPAUX.

Notre Suffrage universel, attrayant de prime-abord, a eu jusqu'ici dans son exercice des écarts passionnés et pernicieux, repoussés dans le recueillement par les penseurs sérieux. S'il n'était pas réglementé, il finirait par devenir funeste au Pays, au lieu de le régénérer.

Depuis longtemps déjà, le Suffrage universel tel qu'il est pratiqué entrave les aspirations généreuses et donne à l'Europe un affligeant aperçu de notre esprit politique. Sans prévention contre le Suffrage universel, nous souhaitons que ses résultats soient meilleurs.

Nous ne devons pas passer sous silence le Suffrage des électeurs à cens, qui l'a précédé. Nous constatons avant tout que de 1830 à 1848, sous l'empire du Suffrage des électeurs censitaires, le budget de l'État était moitié moins lourd qu'aujourd'hui. Le contribuable, en révolutionnant le Pays, a agi imprudemment. La révolution n'est pas plus tôt proclamée, qu'il a à payer 45 cent. par franc de plus d'impôts qu'auparavant.

La république ne tarde pas à être renversée, puis remplacée par l'Empire, et le contribuable, qui a participé aux deux révolutions en acclamant la première et en votant pour la seconde tous les plébiscites qui lui ont été soumis, a vu ses impôts prendre une grande extension. Le contribuable est monotone dans ses plaintes ; il les formule toujours sur le même ton, pas plus chaleureusement à une époque qu'à une autre. Il n'aperçoit ni les changements qui se produisent dans sa cote d'impôts, dont le chiffre augmente de jour en jour, ni les causes qui les amènent. En ce moment, il ne crie pas plus haut sur ses impôts qu'il ne criait sur ceux, insignifiants relativement, qu'il avait à payer antérieurement à 1848.

Vers la fin du règne du roi Louis-Philippe Ier, le contribuable, dans son ineptie inconcevable allant jusqu'à la mauvaise humeur, s'est avisé, par caprice plutôt que par raison, de demander, et cela lui a coûté cher, la diminution du cens électoral et l'adjonction des capacités. C'était là ce que l'on appelait la « réforme électorale », au nom de laquelle a été faite la République de 1848, qui nous a valu les 45 centimes par franc, chiffre minime, on en convient toutefois, en comparaison de celui des impôts que nous payons actuellement, et qui continueront de subsister des siècles, car on ne voit pas pour l'État la possibilité d'alléger le poids de sa dette.

Après les affaires de Juin 1848 et la retraite du général Cavaignac du pouvoir, la démocratie, comprenant que la République allait lui échapper, a si bien fait qu'elle est parvenue, en mêlant l'écheveau, à faire consolider le Suffrage universel, bien moins, au dire de l'opinion publique, pour doter le pays d'institutions libérales que pour entraver le courant que prenait la politique conservatrice.

Quoi qu'il en soit, nous osons écrire ce que nous pensons, et du Suffrage à cens et du Suffrage universel. Ni l'un ni l'autre ne satisfait la société. Le Suffrage à cens trouvait ses élus dans une classe privilégiée par la fortune, puisque, pour être éligible comme député, il fallait payer au minimum 500 francs de contributions. L'électeur non éligible appartenait lui-même à une classe privilégiée possédant une certaine fortune, car son impôt n'était pas inférieur à 200 fr.

Les gens dont l'impôt ne montait pas à 200 francs — et le nombre en était grand — étaient privés du droit électoral par rapport à la nomination des députés. C'était là une grave inégalité à laquelle nos hommes d'Etat d'alors auraient dû remédier pour satisfaire — ce qui, du reste, était conforme au principe du système représentatif — l'opinion publique qui se manifestait pour la diminution du cens et l'adjonction des capacités sans condition de cens.

Malgré cela, nous reconnaissons que, sans être parfait, le Suffrage à cens a eu sa gloire : Avec lui, le pays a eu de beaux jours, et, pendant dix-huit années, avouons-le, tout esprit de parti à part, la nation a prospéré. Le budget de l'Etat n'atteignait pas le chiffre de 1,500 millions, tandis qu'aujourd'hui, après avoir traversé la République de 1848, celle du 4 septembre 1870 et l'Empire, il dépasse de beaucoup le chiffre énorme de 2 milliards et demi, et encore ce chiffre est-il insuffisant pour arriver à un amortissement.

Parlons maintenant du Suffrage universel.

Tel qu'il est pratiqué, il n'est certainement pas moins défectueux que le Suffrage à Cens. D'abord, il effraie le propriétaire, le rentier, le capitaliste, le financier, le commerce et l'industrie. Ensuite, nous ne devons pas oublier que nous vivons à une époque où les hommes sont pleins d'ambition, d'orgueil et de vanité, et que généralement l'intérêt personnel l'emporte sur l'amour de la Patrie : de nos jours, le désintéressement en politique n'est pas commun : les envieux de tous les partis veulent avoir les emplois ou les fonctions publiques. Dans une région supérieure, il en est qui voudraient usurper le pouvoir légitime. Le Suffrage universel n'est bientôt plus qu'un instrument dont l'homme se sert trop souvent malheureusement pour en tirer profit ; il n'est ni juste, ni sagace ; ses égarements et ses excentricités le font détester des hommes paisibles ; il outre tout ; rarement il est dans le vrai ; tantôt ses élus sont au haut de l'échelle sociale, tantôt au bas, jamais guère au juste milieu, faute de modération.

Dans une pareille situation il est sage, croyons-nous, de

se défier des extrêmes. Sans être assujéti à un règlement pour le guider dans son exercice, le Suffrage universel deviendra, on peut en être certain, redoutable et dangereux. Déjà au bout de quelques années d'existence, il heurte et choque par ses exclusions exorbitantes. Il n'est pas normal d'ailleurs de voir nos grandes cités confiées à l'administration de leurs habitants les moins imposés, abstraction faite de l'aptitude. Si avant 1848 le citoyen qui ne payait pas le Cens déterminé n'était pas représenté, aujourd'hui dans la plupart des villes et communes de France les habitants les plus imposés et les gens de la classe moyenne, toute capacité à part, sont systématiquement écartés des conseils municipaux, des conseils généraux, et le seront bientôt de la députation, si on n'y prend garde. Il n'y a plus à se dissimuler la gravité de cet état de choses. Par la tendance que nous signalons, on voit que le Suffrage universel ne laisse guère moins à désirer que le Suffrage à Cens auquel il a succédé.

Mais le Suffrage à Cens n'est plus du goût du jour ! il a fait son temps ! On n'en veut plus même avec des améliorations satisfaisantes et d'une réalisation facile.... Nous admettons qu'il est démodé, et qu'une fantaisie politique a passé par la tête du pays qui tient quand même à user du Suffrage universel.

Au milieu de tout cela, l'anxiété est générale : la société semble marcher à sa perte, et il est certes grand temps d'arrêter le courant qui l'entraîne dans l'abîme. Mais comment faire ?.... Eh bien, il faut vaincre ses répugnances et se prononcer résolument, non pour le suffrage restreint avec adjonction des capacités, mais bien pour le Suffrage universel réglementé avec sagesse et prudence à la satisfaction de la nation. La difficulté qui se rencontre ici n'est pas insurmontable : il suffit, en rassurant le pays, qu'il intervienne une loi déterminant l'exercice du Suffrage universel de façon à le guider et le contenir dans la voie de la raison.

La loi serait une sorte de digue contre les débordements du Suffrage universel et les ravages effroyables qui pourraient en être la suite. Elle devrait être conçue à peu près en ces termes :

« Considérant que les citoyens les plus imposés, ceux qui « le sont le moins et ceux dont l'impôt est intermédiaire « doivent être également représentés dans les conseils muni- « cipaux,

« L'Assemblée nationale ou Constituante rend la loi sui- « vante :

ART. 1er.

« Le Suffrage universel est maintenu. Mais quiconque ne « paie pas d'impôts n'est pas électeur.

« Tout électeur dont les impôts de l'année écoulée fin « décembre n'auront pas été acquittés le 15 janvier sui- « vant, cessera de plein droit, à partir de cette dernière épo- « que, d'être électeur durant une année, sauf le cas de « réclamations reconnues sérieuses et sur lesquelles il n'au- « rait pas été statué définitivement.

« Toutes les lois antérieures sur les élections continueront « de subsister, en tant qu'elles n'ont rien de contraire aux « dispositions qui précédent ou qui vont suivre ».

Notre système admis, il serait très-facile, pour avoir une loi d'ensemble, de relier les dispositions des lois en vigueur avec celle objet de notre projet.

Nous avons à faire remarquer, au sujet du dernier douzième de l'impôt annuel, que ce douzième n'est véritablement exigible que le 1er janvier. Or, pour éviter toute surprise ou toute équivoque, il nous a paru juste de ne priver de prendre part à aucune élection, pendant un an, l'électeur en retard dans le paiement de ses impôts, qu'après un laps de temps de quinze jours, délai bien suffisant pour l'acquittement des impôts de l'annnée échue. Du reste, si le délai semblait insuffisant, il peut très-bien être augmenté, si l'on avise que bien soit, de quelques jours ou de quelques semaines. A cet égard, toute latitude doit être laissée à l'appréciation et à la sagesse de l'Assemblée nationale.

« Art. 2.

« Un tiers des conseillers municipaux seront pris dans le « tiers des électeurs les plus imposés; le deuxième tiers, « dans le second tiers des électeurs les plus imposés après « ceux du premier tiers, et le troisième tiers, dans le tiers « des électeurs les moins imposés. »

Avec ce mode de représentation, les plus riches, les moins riches et les citoyens de la classe intermédiaire seraient tous représentés et pourraient même représenter leurs concitoyens sur le pied de l'égalité numérique, rationnelle, logique. Quoi de plus juste? Prenons un exemple :

Un conseil municipal d'une ville de 50,000 âmes peut se composer de 33 membres. Nous supposons 12,000 électeurs. Dans les 4,000 électeurs les plus imposés il sera pris 11 conseillers municipaux; dans les 4,000 électeurs venant ensuite comme plus imposés il sera pris 11 conseillers municipaux; et dans les derniers 4,000 électeurs moins imposés il sera pris également 11 conseillers municipaux.

« Art. 3.

« Les conseillers municipaux de chacune des trois frac- « tions seront élus à la majorité des suffrages des électeurs « de la commune. Pour être nommé au premier tour, il « faudra avoir au moins le quart des voix des électeurs ins- « crits, et, dans tous les cas, la majorité des suffrages ex- « primés.

« Au second tour, la nomination aura lieu à la majorité « relative.

« Art. 4.

« Au cas où il y aurait un conseiller municipal à nommer « en sus des trois fractions exactes, il en serait pris un de « plus dans la première fraction. Lors de l'élection commu- « nale générale suivante, le conseiller en sus des trois frac- « tions de chacune un tiers serait pris dans la deuxième

« fraction. A la troisième élection communale générale, le « conseiller en sus serait pris dans la troisième frac- « tion.

« Au cas où il y aurait deux conseillers municipaux à élire « en sus des fractions de chacune un tiers, on commence- « rait par prendre ces deux conseillers : l'un dans la pre- « mière fraction et l'autre dans la seconde fraction, en con- « tinuant ainsi de fraction en fraction successivement « chaque fois qu'il serait procédé à des élections générales « municipales.

« Un roulement dressé par les soins de l'autorité préfec- « torale ferait connaître le nombre des conseillers complé- « mentaires à nommer en suivant l'ordre ci-dessus indiqué « dans les communes où il y aurait inégalité de chiffres dans « les fractions des conseillers à élire. »

Les conseillers municipaux pris dans tous les rangs des habitants et ainsi nommés par le suffrage de leurs concitoyens seraient des représentants qui, dégagés de tout esprit de coterie, veilleraient avec soin et vigilance aux intérêts de la commune.

Leur influence se ferait sentir non-seulement dans les élections des conseillers généraux, mais même dans celles des députés. La prospérité publique ne pourrait que gagner au procédé électoral que nous proposons comme étant susceptible de mettre fin à nos dissensions.

Sous quelque régime que la France soit gouvernée, si le Suffrage universel n'est pas réglementé par une loi dans le sens que nous précisons, les classes les moins imposées seront bientôt les seules parmi lesquelles dans toutes les communes de France on prendra les conseillers municipaux au détriment tout à la fois des électeurs les plus imposés et même de tous les autres indistinctement.

Nous avons fractionné les électeurs par tiers suivant l'ordre des chiffres d'impôts, dans la pensée que la proportion était susceptible de convenir. Si on trouve qu'il vaut mieux fractionner par quart les électeurs, d'après la même base, rien n'est plus facile. Dans cette hypothèse, les conseillers seraient pris pour un quart parmi les électeurs les plus imposés; pour un quart parmi le second quart des plus imposés venant à la suite de ceux du premier quart; pour un quart parmi le troisième quart des plus imposés après ceux compris au deuxième quart; et pour le dernier quart parmi les citoyens formant le quart des électeurs les moins imposés.

Au cas où les fractions ne seraient pas égales, il devrait être fait un roulement analogue à celui dont nous avons parlé dans l'hypothèse de catégories par tiers.

Si d'un côté le Suffrage restreint avec l'adjonction des capacités n'est plus en rapport avec le sentiment public, d'un autre côté le Suffrage universel sans modification conduirait sans aucun doute à l'anarchie. Pour répondre au besoin du pays, il nous a semblé qu'il fallait par une loi nouvelle sur les élections municipales réunir — pour les fusionner en en tirant le meilleur parti — les idées compatibles entre le Suffrage restreint et le Suffrage universel. C'est là le but que nous cherchons à atteindre par une loi dont nous avons cru devoir donner le projet des dispositions principales. Si nos efforts avaient seulement pour résultat de donner à d'autres que nous l'occasion de présenter un projet de loi ou une combinaison préférable, loin d'en être fâché, nous en serions au contraire très-satisfait, avec d'autant plus de raison que nous n'oublions pas que notre pauvre France souffre de nos divisions politiques.

Avec la loi dont nous venons d'indiquer les dispositions les plus essentielles sur les élections municipales, on est sûr de contenir le Suffrage universel dans une digue infranchissable offrant toute sécurité et garantissant la sincérité des élections qu'aucune puissance humaine ne doit, selon nous, détourner de ses vues légitimes.

II

RÉGLEMENTATION DU SUFFRAGE UNIVERSEL POUR LA NOMINATION DES DÉPUTÉS.

Si le système représentatif touchant le mode d'élection des conseillers municipaux est trouvé juste, il est évident qu'il doit être adopté pour les élections des députés, des conseillers généraux et des conseillers d'arrondissement. Il existe, du reste, plus qu'une analogie entre l'élection des conseillers municipaux et les autres élections ; nous disons qu'il y a parité de raison dans l'application du système. En effet, dans le système représentatif que nous voudrions voir mettre en usage pour toutes les élections, la représentation est conforme au droit de tous, à tous les degrés de l'échelle sociale, puisque les élus sont pris, en trois fractions égales, l'une parmi le tiers des plus imposés, l'autre parmi le tiers des moins imposés, et la troisième parmi le tiers des citoyens dont l'impôt est intermédiaire.

Avant d'aller plus loin, pénétrons-nous bien de ce que sont les conseillers généraux et les députés. Un conseiller général ou départemental est le représentant des citoyens de différentes communes formant ce que l'on appelle un canton. Le conseiller à qui on donne une qualification si pompeuse n'est, rigoureusement parlant, qu'un conseiller cantonal : effectivement, pour être conseiller départemental, improprement appelé conseiller général, il faudrait que ce conseiller fût nommé par tous les électeurs du département et non pas seulement par les électeurs d'un canton. Quand tous les conseillers nommés dans chaque canton sont réunis au chef-lieu du département, on ne voit et on ne compte dans la réunion que des conseillers cantonaux assemblés pour s'occuper des affaires départementales.

Les députés élus dans les départements ne sont pas les députés de la France : ils ne sont que les représentants des communes des départements dont la France se compose.

Pour être véritablement député de la France, il ne suffirait pas d'être élu par les électeurs des communes d'un département, il faudrait que le choix fût fait par tous les électeurs de toutes les communes de France et non pas seulement d'un département, ce qui est difficile, sinon impossible. On ne doit voir en chacun d'eux qu'un député des communes d'un département. Mais, tous réunis en Assemblée, quel que soit le nom que prenne l'Assemblée, ils demeurent chargés de faire les lois dont le pays leur semble avoir besoin. Donc un député n'est pas dépositaire d'une partie de la souveraineté nationale; il n'est qu'un délégué des citoyens d'un certain nombre de communes avec des pouvoirs indéfinis, sans toutefois avoir le droit de voter la déchéance du Chef de l'État, sauf le cas de violation de la constitution; car il est sous-entendu qu'un semblable mandat ne lui a pas été conféré par les électeurs. S'il transgressait à cet égard son mandat, il y aurait de sa part un abus de pouvoir qui le rendrait passible de la peine qu'une sage constitution doit toujours prévoir.

Il s'agit maintenant d'examiner s'il serait facile d'élire les députés en procédant par un système pareil à celui concernant la nomination des conseillers municipaux. Au lieu de nous livrer à de longues considérations qui ne pourraient être autres que celles émises pour l'élection des conseillers municipaux, nous devons tout simplement recommander au lecteur de vouloir bien s'y reporter afin d'éviter des redites inutiles.

La loi à intervenir sur ce point important devra donner les considérations désirables pour rassurer tous les esprits. Elle commencera par fixer le nombre des députés à élire dans chacun de nos départements. Le nombre variera suivant celui des électeurs. D'après cette base proportionnelle, tel département pourra avoir à nommer 6 députés, tandis que tel autre pourra en avoir 9 à nommer. La loi entrant dans le même esprit que celle concernant les conseillers municipaux, et considérant que les citoyens les plus imposés, ceux qui le sont le moins et ceux dont l'impôt est intermédiaire, doivent être également représentés à la Chambre des députés, contiendra une disposition qui, ne laissant pas place à l'équivoque, sera ainsi conçue : « Un tiers des « députés sera pris parmi le tiers des électeurs les plus « imposés du département ; le deuxième tiers parmi le se« cond tiers des électeurs les plus imposés après ceux du « premier tiers ; et le troisième tiers parmi le tiers des élec« teurs les moins imposés. »

Au moyen de ce système électoral nouveau érigé en loi, les fonctions de députés seront accessibles comme celles des conseillers municipaux à tout le monde, aussi bien aux riches et aux moins riches qu'aux contribuables de la classe intermédiaire, en telle sorte que les citoyens de toutes les classes ou conditions seront représentés et pourront même représenter leurs concitoyens à la Chambre des députés, en suivant la base juste et équitable appliquée comme nous l'avons fait à l'élection des conseillers municipaux.

Ainsi un département a 150 mille électeurs, en supposant qu'il ait neuf députés à élire (soit trois députés par 50 mille électeurs), trois députés seront pris parmi les 50 mille électeurs les plus imposés du département; trois autres députés seront pris parmi les 50 mille électeurs venant ensuite comme plus imposés, et les trois autres députés seront pris parmi les 50 mille électeurs les moins imposés.

Une disposition de la loi portera : « les députés de cha« cune des trois fractions seront élus à la majorité des « suffrages des électeurs du département ; pour être « nommé au premier tour, il faudra avoir au moins le quart « des voix des électeurs inscrits, et dans tous les cas la « majorité des suffrages exprimés. Au second tour, la nomi« nation aura lieu à la majorité relative. »

Il va sans dire que s'il y avait inégalité dans les fractions des députés à élire qu'il serait fait, comme aux cas prévus pour l'élection des conseillers municipaux, un roulement qui permettrait aux différentes fractions d'avoir à nommer chacune à son tour un ou deux députés en sus de la fraction du tiers, ou bien du quart, si cette dernière fraction était préférée à l'autre par le législateur.

Avec des députés sortis ainsi de tous les rangs des citoyens, la représentation ne serait plus une fiction, elle serait une vérité. Aussi la volonté exprimée par la majorité de la Chambre devrait-elle être prise en sérieuse considération par le gouvernement qui devrait toujours en poursuivre loyalement la réalisation.

Il conviendrait d'introduire dans la loi une disposition ainsi conçue :

« Tout citoyen électeur peut poser sa candidature dans le « département où il a son domicile réel, et même dans deux « autres départements, à la condition, dans ce dernier cas, « de justifier, par un certificat en règle du percepteur, de « son chiffre d'impôts, pour être compris dans l'une des « trois catégories à laquelle il appartiendra suivant le chiffre « de sa contribution. La justification devra être faite à la « Préfecture ou les Préfectures où il présentera sa can« didature, huit jours au moins avant celui fixé pour l'élec« tion. »

Depuis longtemps, dans les hommes les plus ardents en politique, il s'en trouve qui présentent simultanément leurs candidatures dans un grand nombre de départements. Souvent il en est qui profitent de la liberté à ce sujet pour faire de la propagande. En général, les hommes modérés en politique ne posent pas leurs candidatures dans plusieurs départements à la fois. Le mode suivi jusqu'à ce jour laisse à désirer. Sans doute, il ne convient pas d'entraver la liberté, mais il est juste de prévenir les abus en pareille matière. Il importe aussi de ne gêner que le moins possible l'électeur. Or, si une candidature posée dans dix départements réussit, il y aura neuf élections partielles qui nécessiteront de nouveau un dérangement des électeurs. Les chiffres que nous donnons peuvent varier en plus ou en moins. Les électeurs appelés trop souvent à voter finissent par se fatiguer et ne plus se rendre à l'urne électorale. Vouloir le vote obligatoire en édictant par une loi des peines quelconques, c'est violenter la liberté individuelle. Par ces considérations, il est raisonnable d'interdire à tout électeur le droit de poser sa candidature dans plus de trois départements compris celui où il a son domicile réel.

Voici encore une disposition que la loi devrait comprendre :

« Si des élections partielles ont lieu dans un délai qui « sera déterminé par la loi, tout électeur, qu'il soit ou non « du département où elles se feront, aura la faculté de « poser sa candidature, mais à la condition qu'il se trou- « vera par le chiffre de ses impôts dans la catégorie de celui « en remplacement duquel il s'agira de pourvoir. »

Le renouvellement de l'Assemblée par tiers parait incompatible avec le large système électif que nous voulons, pour avoir une saine représentation du pays dans son ensemble, — et sans qu'il en résulte aucun trouble, — au jour où son sentiment politique aura besoin d'être apprécié avec sagesse, et par le pouvoir et par le chef de l'Etat.

Il n'y a pas davantage nécessité de renouveler par tiers le conseil municipal, pas plus que les conseils généraux et d'arrondissement dont il nous reste à nous occuper.

III

RÉGLEMENTATION DU SUFFRAGE UNIVERSEL POUR LA NOMINATION DES CONSEILLERS DÉPARTEMENTAUX.

Il est facile d'étendre le système représentatif par nous appliqué pour la nomination des conseillers municipaux et des députés, à l'élection des conseillers départementaux. La logique ne permet pas de différence. Il est cependant une objection que l'on ne manquera pas de faire, mais nous allons au devant pour la combattre. On dira : chaque canton a un conseiller départemental à élire, on ne peut donc, comme pour les conseillers municipaux et les députés, avoir un représentant dans les trois catégories se composant chacune d'un tiers des électeurs.

Nous ne tournons pas l'objection, nous l'envisageons de face. Il est évident que, si chaque élection cantonale est faite séparément, distinctement, que l'on ne saurait, de quelque façon qu'on s'y prenne, avoir un conseiller départemental dans les trois fractions. Mais, au lieu d'un conseiller départemental par canton, on peut aisément en avoir trois, et alors les trois fractions en auraient chacun un. Avec trois conseillers par canton, la réunion du conseil général serait peut-être trop nombreuse. Ce ne serait là qu'un inconvénient, mais non une impossibilité, et les affaires du département n'en souffriraient certes pas.

En prenant pour représenter le canton, trois conseillers au lieu d'un, le dérangement ne porterait que sur les deux citoyens qui se trouveraient adjoints à l'unique conseiller suivant le système actuel. A la rigueur, notre mode de représentation par trois fractions de chacune un tiers des électeurs peut s'appliquer à l'élection des conseillers départementaux sans avoir d'autre inconvénient que d'augmenter de deux tiers le nombre de ces conseillers.

Nous n'insisterons pas davantage pour ramener à notre manière de voir les partisans d'un seul conseiller par canton. Quoi qu'il en soit, il nous paraît possible d'en avoir un seulement par canton sans s'éloigner de notre système représentatif en trois fractions.

Notre combinaison, pour avoir au conseil général des conseillers départementaux dans chacune des trois fractions par tiers des électeurs plus imposés, moins imposés et intermédiaires, consisterait dans une innovation bien simple et qui ne s'écarterait guère de ce qui se pratique souvent sous l'empire des lois existantes : tout le monde sait que maintenant un grand nombre des conseillers départementaux sont pris hors des cantons qu'ils représentent. Puisqu'il en est ainsi, pourquoi ne pas nommer par arrondissement, pour tous les cantons à la fois, les conseillers départementaux ? ceci est très-praticable. Ce serait d'ailleurs conforme au mode de l'élection des députés. Chaque arrondissement, suivant nous, aurait à nommer autant de conseillers départementaux qu'il contiendrait de cantons. Prenons un exemple pour rendre plus clair, plus saisissant, notre raisonnement : un arrondissement d'un département comprend douze cantons, il y aura donc douze conseillers départementaux à élire. Ils seront tous élus en même temps. Il ne sera pas indispensable que chacun des candidats soit habitant du canton, ni même de l'arrondissement. Par le fait, quoique pris pour représenter les douze cantons, ils seront aussi bien au conseil général les représentants de l'arrondissement que des douze cantons distinctement. Ceci bien compris, la loi dira : « Pour représenter les douze cantons, quatre conseil-« lers cantonaux ou départementaux seront pris parmi le « tiers des électeurs les plus imposés de l'arrondissement, « quatre autres parmi le tiers des électeurs les plus imposés « venant ensuite, et les quatre autres parmi le tiers des élec-« teurs les moins imposés. »

Le même système s'appliquera aux autres cantons de chacun des arrondissements de nos départements.

Il est donc possible, comme on le voit, de faire représenter les cantons dont se compose un arrondissement, et l'arrondissement lui-même, par des conseillers départementaux pris dans les trois fractions des électeurs de l'arrondissement, suivant le chiffre des impôts, ce qui serait en harmonie parfaite avec le mode d'élection des conseillers municipaux et des députés.

Les législateurs appelés à faire la loi relative aux conseillers départementaux, s'ils entrent dans nos vues, devront, par une disposition, décréter ce qui suit :

« Les conseillers départementaux de chacune des trois « fractions seront élus à la majorité des suffrages des élec-« teurs de l'arrondissement. Pour être nommé au premier « tour de scrutin il faudra, comme pour la nomination des « députés et celle des conseillers municipaux, avoir au moins « le quart des voix des électeurs inscrits, et, dans tous les

« cas, la majorité des suffrages exprimés. Au second tour, « la nomination aura lieu à la majorité relative.

Les législateurs devront, en outre, décréter la disposition suivante :

« Tout électeur est admis à présenter sa candidature dans « l'arrondissement où il est domicilié. Il pourra la présenter « également dans un arrondissement autre que le sien, dans « le département où il a son domicile, et même en tout au-« tre arrondissement de quelque département que ce soit, « mais dans la fraction du tiers où il aurait le droit de la pré-« senter dans l'arrondissement de la situation de son domi-« cile réel, suivant son chiffre d'impôts, en en justifiant par « un certificat de son percepteur à la préfecture de l'arron-« dissement où sa candidature sera posée, huit jours au « moins avant celui fixé pour l'élection. »

La fonction des conseillers cantonaux ou départementaux est certainement d'une importance moindre que celle des députés, et c'est précisément à cause de cette différence d'importance que nous considérons qu'il est suffisant d'accorder à chaque électeur le droit de porter sa candidature dans un seul arrondissement outre celui où il a son domicile réel, tandis que nous croyons devoir, pour la députation, accorder la faculté à tout électeur de se présenter dans deux départements autres que celui où il est domicilié.

IV

RÉGLEMENTATION DU SUFFRAGE UNIVERSEL POUR LA NOMINATION DES CONSEILLERS D'ARRONDISSEMENT.

On nomme conseiller d'arrondissement un citoyen élu par les électeurs des communes dont se compose le canton qu'il représente. Sa fonction consiste à émettre des vœux destinés à être soumis à l'appréciation du conseil départemental qui les admet ou les repousse souverainement en tout ou partie.

Quand un corps administratif n'a pas plus d'autorité et que ses services sont aussi secondaires, on n'aperçoit pas qu'il soit bien nécessaire de le conserver. Sa suppression ne nuirait nullement à la marche des choses. Les conseillers départementaux savent aussi bien que les conseillers d'arrondissement quels sont les besoins des cantons et des communes qui les composent. Personne n'ignore d'ailleurs que les conseils municipaux savent bien aussi réclamer dans l'intérêt des communes toutes les fois qu'il y a lieu. On n'ignore pas non plus que les conseillers départementaux, d'un bout de la France à l'autre, s'empressent toujours, lorsque les choses demandées leur paraissent fondées, de donner satisfaction aux intéressés dans toutes les localités, quelles qu'elles soient, grandes ou petites.

Pour ne changer que le moins possible l'organisation existante, nous allons raisonner dans l'hypothèse que l'institution des conseillers d'arrondissement sera conservée.

Un conseiller d'arrondissement élu par les électeurs des communes dont se compose un canton, n'est véritablement qu'un conseiller cantonal. Les électeurs appelés à le nommer sont les mêmes qui nomment les conseillers départementaux. Il est donc rationel d'admettre que le système électif doit être le même.

Ainsi, ce qui a été dit sur le mode d'élection des conseillers départementaux par les communes des cantons formant un arrondissement d'un département, doit nécessairement s'appliquer aux élections des conseillers d'arrondissement.

Il suit de là, que, s'il y a dans un arrondissement douze cantons, quatre conseillers d'arrondissement seront pris parmi le tiers des électeurs les plus imposés de l'arrondissement ; quatre parmi le tiers des électeurs les plus imposés venant ensuite, et les quatre autres parmi le tiers des électeurs les moins imposés.

Il est, certes, facile au législateur de faire à ce sujet une disposition de loi.

On voit donc, sans pousser plus loin le raisonnement, que le système pour l'élection des conseillers d'arrondissement est identique au mode d'élection des conseillers départementaux.

Les services à attendre des conseillers d'arrondissement sont simplement accessoires ; aussi, pensons-nous, que la loi fera bien d'interdire à tout électeur « la faculté de pré- « senter sa candidature dans un autre arrondissement que « celui où il est domicilié ».

Si un roulement était nécessaire, il serait fait par les soins du préfet, comme dans les autres cas indiqués plus haut.

V

DISPOSITION LÉGALE SUR LES QUATRE ÉLECTIONS, EN PRÉVISION DU CAS OU ELLES FERAIENT L'OBJET D'UNE LOI UNIQUE.

Ici, nous croyons devoir placer le projet d'une disposition de loi se référant aux quatre élections constituant le système électoral nouveau, qu'il importe d'introduire dans notre vie politique, si nous voulons que la France échappe au danger imminent et redoutable dont elle est menacée. Si, comme nous le croyons, une loi unique porte à la fois sur les quatre élections, il conviendra d'y introduire — pour tenir lieu de la condition uniforme sur la validité de l'élection, soit du premier tour, soit du second tour de scrutin et que nous avons cru devoir mettre, pour rendre plus claire notre pensée, *à la suite* de chacune de ces quatre *élections distinctes*, d'après le même mode toutefois — une disposition générale ainsi conçue :

« Dans chacune des trois fractions pour être nommés au « premier tour de scrutin, les conseillers municipaux, les « conseillers d'arrondissement, les conseillers départemen- « taux et les députés devront avoir au moins le quart des « voix des électeurs inscrits, et, dans tous les cas, la majo- « rité des suffrages exprimés ; mais, au second tour, la no- « mination aura lieu à la majorité relative. »

VI

APPEL A LA FERMETÉ. INADMISSIBILITÉ DU SUFFRAGE UNIVERSEL A DEUX DEGRÉS.

Nous croyons fermement, quoi qu'il advienne, que les élections avec le Suffrage universel, soit municipales, soit de la députation, soit du conseil départemental, soit du conseil d'arrondissement, sont praticables, — sans avoir aucunement à craindre leurs résultats, — si l'on ose introduire dans son exercice les modifications que la prudence suggère à tout esprit soucieux du bonheur de son pays.

La mesure possible, aujourd'hui, sera peut-être impossible demain. Celui qui scrute la mauvaise tendance du jour, n'est pas sans inquiétude. Armons-nous donc d'une ferme volonté. Dans l'état actuel des esprits, il faut de l'énergie pour prouver que vouloir c'est pouvoir, l'œuvre est considérable. Il ne s'agit rien moins que de faire triompher les principes compromis de l'ordre pour le présent et l'avenir, et du même coup abattre l'ambition désordonnée du temps et paralyser les mauvais desseins dans lesquels l'ignorance est entretenue par des esprits pervers ou égoïstes, au grand préjudice de l'intérêt de la société, qui a tant besoin de repos pour réparer nos désastres, et remédier au mal social qui perdrait infailliblement la France sans la méthode, sans le principe qu'il importe, suivant nous, d'introduire, l'heure étant arrivée, dans le système électoral du jour.

La société française, pour vaincre les tendances subversives et reconquérir sa force à l'intérieur et à l'extérieur, avec son prestige d'autrefois, verra, nous l'espérons, un auxiliaire puissant dans notre réglementation du Suffrage universel et même un tonique moral salutaire.

Nous savons qu'en France il se rencontre des hommes d'ordre qui, animés du reste d'excellentes intentions, croient que le Suffrage universel à deux degrés serait une perfection. Malgré le respect que nous leur portons, nous ne saurions nous ranger à leur opinion. Pour nous qui avons étudié de très-près la question, nous ne craignons pas de dire bien haut que le Suffrage universel à deux degrés ne vaut pas mieux que le Suffrage universel direct, non soumis à la règle tutélaire en faveur de laquelle nous avons exposé nos idées, la croyant indispensable, car si cette règle fait défaut, comment parviendra-t-on, sinon à la perfection représentative, du moins à une représentation tranquillisante, mettant la France à l'abri des catastrophes et des calamités ?

Qu'on sache bien, en effet, que la démocratie éhontée touchant au socialisme effréné, est organisée de telle façon qu'elle ne raisonne plus, qu'elle se passionne aveuglément, qu'elle obéit à un mot d'ordre ; que bien disciplinée elle ne manque pas de faire nommer le plus triste candidat de préférence au meilleur. Or, que le Suffrage universel soit à deux degrés, ou que le Suffrage universel soit direct, peu importe, les résultats ne seront pas différents, cela n'est pas niable. Aujourd'hui, c'est un fait certain, le Suffrage universel direct est pernicieux et dangereux ou sur le point de le devenir. Il domine tout : bientôt il sera le maître absolu du pays si on n'y fait sérieusement attention.

L'expérience prouve tous les jours qu'il fait aussi facilement nommer une médiocrité qu'une capacité, un mauvais citoyen qu'un bon citoyen. Le comité directeur fait faire tout ce qu'il veut par les masses. L'esprit des comités directeurs ne sera modifié en rien par le système de l'élection à deux degrés. Quand les comités directeurs auront indiqué un candidat pour la représentation au deuxième degré, on peut être certain que celui qui sera élu sera celui-là même qui aura été proposé par eux. Si la manœuvre que nous prévoyons se fait, ainsi que nous le supposons dans toutes les circonscriptions électorales, il est hors de doute que les représentants, par le choix au second degré, seront des hommes d'une opinion bien arrêtée et qui — c'est notre conviction — seront les plus avancés parmi les plus exaltés.

Les efforts des conservateurs n'agissant pas toujours avec ensemble seront le plus souvent stériles.

VII

FORMATION DES LISTES ÉLECTORALES.

Est-il bien nécessaire de s'expliquer sur la formation de la liste des électeurs dans les divers cas prévus pour la mise en pratique de notre système ? Cela paraît inutile, car la raison la plus vulgaire nous dit qu'à la direction départementale des contributions directes l'on trouvera — impartiaux et non suspects — les rôles des contribuables qui permettront aisément de diviser en trois fractions, suivant les chiffres de leurs impôts, les électeurs de la commune, s'il s'agit de la nomination de conseillers municipaux ; les électeurs du département, s'il s'agit de la nomination des députés ; les électeurs d'un arrondissement s'il s'agit de la nomination de conseillers départementaux ou de conseillers d'arrondissement.

VIII

SYSTÈME UNINOMINAL DE M. DUFAURE, SUSCEPTIBLE DE SE COMBINER AVEC LA RÉGLEMENTATION DU SUFFRAGE UNIVERSEL.

Toutes les combinaisons humaines ne peuvent détruire la droiture de notre système de réglementation du suffrage universel : la condition de 25 ans d'âge et celle de trois ans de domicile pour l'exercice du droit électoral ; la division électorale par arrondissement ou par circonscription, et toutes les autres mesures projetées par des hommes politiques considérables n'ont rien d'incompatible avec le système que nous émettons. Nous oserons même dire que le système uninominal, brillamment exposé par un éloquent et éminent homme d'Etat, M. Dufaure, au sein de la commission des lois constitutionnelles dont il est le président, repoussé d'abord et accepté ensuite par celle-ci, n'implique aucune contradiction avec le nôtre. Loin de là, les deux systèmes sont susceptibles de se combiner à la satisfaction générale sans dépréciation ni pour l'un ni pour l'autre.

Qu'y aurait-il à faire pour atteindre ce résultat? C'est bien simple : on diviserait les départements en circonscriptions électorales, autant que possible par arrondissement, en tout cas, de façon à ce que dans la circonscription, il soit pris trois députés, savoir : l'un dans la première fraction se composant du tiers des électeurs les plus imposés ; l'autre dans la fraction se composant du second tiers des électeurs venant ensuite comme plus imposés, et le troisième dans la fraction se composant du tiers des électeurs les moins imposés.

Il va sans dire que tous les électeurs de la circonscription seraient admis à prendre part, dans chacune des trois fractions, par vote distinct, à la nomination des trois députés.

La nomination aurait lieu au premier tour ou au deuxième tour de scrutin, conformément aux conditions exprimées plus haut.

S'il se recontrait qu'il fallût, dans certaines circonscriptions, un ou deux députés en plus du nombre voulu pour en avoir un dans chacune des trois fractions de la circonscription, il serait fait, pour ce cas, par les soins de l'autorité préfectorale, un roulement pour que chaque fraction en ait un en plus à nommer successivement, chacune à son tour, en commençant par la fraction du tiers des électeurs les plus imposés.

IX

RÉSUMÉ.

Nous nous résumons ainsi : Le Suffrage à cens avec l'adjonction des capacités n'est plus possible ; le Suffrage universel direct est plein de périls; le Suffrage à deux degrés n'est pas moins périlleux que le Suffrage universel direct. Avec l'un ou avec l'autre la société aura des catastrophes terriblès, des malheurs innombrables, des ruines immenses.

Comment veut-on que les masses ignorantes formant la majorité du pays, égarées par les intrigants, les ambitieux, les gens non intéressés au respect du droit, de la propriété, puissent par voie d'élection choisir directement des hommes ntelligents, capables, vertueux et désintéressés pour faire le bien général, quand nous avons vu les hommes les plus honorables, doués des plus grandes capacités et animés du meilleur esprit, de l'amour du bien, du juste, du droit et de l'égalité, succomber à la tâche.

Le Suffrage universel existant est gros d'orage. Il recèle la foudre. Une étincelle suffit pour la faire éclater; rien n'est plus logique que les chiffres. Nous allons leur emprunter un exemple qui peut être pris pour un avertissement dont il faudrait savoir profiter. Dans une ville où il y a douze mille électeurs, trois mille environ ne prennent pas part au vote. Sur les neuf mille votants, sept mille voix seront acquises — nous l'avons vu dans des élections — à la démocratie. Deux mille voix seulement restent aux conservateurs. La démocratie a donc une majorité de cinq mille voix.

Les modifications dont s'occupe l'Assemblée nationale ne feront jamais passer la majorité du côté des conservateurs : la condition de 25 ans d'âge pour être électeur atteint aussi bien les conservateurs que les démocrates. Quant à la condition de cinq ans de domicile, elle est un peu plus favorable aux conservateurs. En supposant que les deux conditions enlèvent à la démocratie mille voix, — c'est tout le bout du monde, — sa majorité étant de cinq mille voix, elle se trouvera réduite à quatre mille voix. Remarquons bien que ces mille voix perdues pour la démocratie ne viennent pas s'ajouter aux deux mille voix des conservateurs.

Ainsi, il reste définitivement à la démocratie, dans l'exemple que nous prenons, quatre mille voix. Mais c'est énorme! trois mille voix de plus, ce serait encore énorme! deux mille voix seulement de plus, ce serait encore écrasant.

Il faut que l'Assemblée Nationale sache qu'avec les deux modifications qu'elle va apporter dans la loi sur le Suffrage universel on ne parviendra pas à enlever deux mille voix à la démocratie sur douze mille électeurs.

Si, donc, la démocratie a cinq mille voix de plus que les conservateurs, sa majorité se trouvera réduite à trois mille voix. Quand la majorité ne serait que de deux mille voix ou bien de mille voix pour la démocratie, est-ce qu'une pareille situation ne donne pas à réfléchir aux esprits sérieux?

Quel est donc le gouvernement monarchique qui pourrait marcher avec les résultats électoraux probables que nous précisons? Il n'y en a pas! La République conservatrice serait encore plus aisément renversée pour faire place à la République sociale!

Que nos hommes d'Etat se recueillent sans perdre un instant.

Si vertueux, si sage, si juste, si droit que soit le meilleur des princes, quelques soit son aptitude, son génie, il lui serait impossible de se maintenir sur le trône, — au grand préjudice de la nation entière, avec le Suffrage universel actuel, même avec les modifications annoncées de l'Assemblée nationale, — s'il n'est réglementé comme nous le proposons, dans le sens que les classes riches, moins riches et moyennes soient à tous les degrés représentées et admises librement, sans entrave, sur le pied d'égalité, à représenter tous les citoyens dans les conseils municipaux, départementaux et d'arrondissement, et même à l'Assemblée nationale ou autrement dit la Chambre des Députés.

La perspective de l'horizon politique nous a décidé à essayer de trouver un système mettant le Suffrage universel dans l'impossibilité de faire le mal, en apportant un frein au déchaînement des passions politiques de notre époque. Nous n'osons pas nous flatter d'avoir réussi. Malgré cela, avec cet cet esprit de modestie dont nous ne nous sommes jamais départi, nous sommes profondément convaincu que les modifications par nous indiquées peuvent, sinon changer complétement la face des choses, du moins introduire dans le système représentatif un procédé efficace, favorable à la cause du juste, du droit et d'une saine égalité pour tous. N'eussions-nous fait qu'une brèche ouvrant passage à d'autres mieux inspirés que nous pour leur faciliter une entrée dans la voie des réformes salutaires à la France, que nous nous estimerions heureux, tant est vif notre amour de l'ordre et de la Patrie.

Le Mans.—Imp. de la CHRONIQUE DE L'OUEST.

www.ingramcontent.com/pod-product-compliance
Lightning Source LLC
LaVergne TN
LVHW010255230826
846091LV00007B/2979

* 9 7 8 2 0 1 3 2 7 7 0 7 5 *